Dzogchen Puro

La Tradición de Zhang Zhung

Dedicatoria

Este libro está ofrendado
a todos mis maestros sabios
y bondadosos
con enorme gratitud
a su incansable guía.
Esta dedicado
al beneficio y liberación
de mis estudiantes,
y a todos los seres sintientes.

Dzogchen Puro

La Tradición de Zhang Zhung

Geshe Dangsong Namgyal

Publicaciones Namkha
California, EEUU

DZOGCHEN PURO
Namkha Publications

Reservados todos los derechos.
Copyright © 2021 por Geshe Dangsong Namgyal

Publicado por Namkha Publications
P.O. Box 65, Freedom CA 95019 USA
email: namkha2018@yahoo.com

No se permite la reproduccióntotal p parcial de este libro, ni su incorporación a un sistema informeatico, ni su transmisión en cualquier forma o por cualquier medio, sea éste electrónico, mecámico, por fotocopia, por grabación u otros métodos, sin el permiso previo y por escrito de los titulares del *copyright*.

© *Ediciones Español*
ISBN: 978-0-9996898-3-7

© Dibujos de líneas tradicionales por Norbu Lhundrub.

Library of Congress Control Number: 2021921392

Contents

Introducción		11
No. 1	Buscando la Mente	17
No. 2	Todo es Mente	19
No. 3	Dos procesos al principio	21
No. 4	Reconocer la Mente Natural	23
No. 5	Pureza Primordial	25
No. 6	Cualidades espontáneas de la Mente Natural	27
No. 7	¿Qué es la Gran Perfección? (Dzog Chen)	29
No. 8	Cualidades de la Mente Natural	31
No. 9	Realizando nuestras buenas cualidades	33
No. 10	¿Qué es el Cuerpo Arcoíris?	35
No. 11	"Sin esperanza ni temor" es el Fruto.	37
No. 12	Tres apariencias	39
No. 13	Cómo emergen la Ignorancia y Samsara	41
No. 14	Tres Cuerpos Iluminados en el Dzogchen	43
No. 15	Aparecer y Liberarse Simultáneamente	45
No. 16	Tres Formas de Entender la Mente Natural	47
No. 17	Reconocer la Madre, el Hijo y la Manifestación	49
No. 18	Karma y la Mente Natural	51
No. 19	Purificación en el Dzogchen	53
No. 20	Presentando el Refugio Secreto	55
No. 21	Dos Bodhicittas en el Dzogchen	57
No. 22	Pensamientos que pasan como nubes	59

No. 23	Tres pasos: Descansar, Destruir, Permanecer	61
No. 24	La Naturaleza del Pensamiento	63
No. 25	¿Qué es el ego y el aferrarse al ego?	64
No. 26	Primeras Experiencias	67
No. 27	Signos de Éxito	69
No. 28	Descansar en la Mente Natural	71
No. 29	Contemplación	73
No. 30	¿Cómo contemplamos?	75
No. 31	Tres Pasos de Realización	76
No. 32	Resolver la laxitud	79
No. 33	Resolver la Agitación	81
No. 34	Autoliberación en la Vista de la Mente Natural	83
No. 35	Sabiduría que se autoconoce	85
No. 36	Dejar de lado las palabras y abordar el significado	87
No. 37	Proseguir en el camino	89
No. 38	Utilizar los distintos tipos de Conducta	91
No. 39	No-meditación sin distracción	93
No. 40	Imparcialidad: La Vista en el Dzogchen	95
No. 41	Saber una cosa lo Libera Todo	97
No. 42	Instrucción Quíntuple	99
No. 43	El Compromiso en el Dzogchen	101
No. 44	La mente que discierne y la Atención	103
No. 45	Sabiduría autogenerada	105

No. 46	La apariencia de la Sabiduría Interior	107
No. 47	Cortando a través o Trek Chöd	109
No. 48	"Thod Gel", Cruzar	110
No. 49	La vista No-Dual de aferrarse	112
No. 50	No-acción y sin rastro	115
No. 51	Contemplación serena y meditación de entendimiento de lo observado	116
No. 52	Tres actividades en el Camino de Dzogchen	118
No. 53	Remedios para las conceptualizaciones	121
No. 54	Las experiencias excepcionales	122
No. 55	Esencia, Naturaleza y Compasión	124
No. 56	Las dos verdades inseparables	126
No. 57	Manifestar la apariencia de la Base	128
No. 58	La naturaleza última es revelada	131
No. 59	Método por fuerza	133
No. 60	La corrupción de la duda	135
No. 61	El mundo fenoménico es un maestro excelente	136
Agradecimientos		139
Acerca del Autor		141

Prefacio

Me gustaría compartirles mi historia acerca de cómo entré en el camino del Dzogchen Puro. Cuando era joven, conocí a los grandes maestros Dzogchen Togden Sherab Phuntsog, Khanpo Nyima Lodo, y Lobpon Tsultrim Namdag, y recibí enseñanzas Dzogchen en Tibet. Había completado la práctica de Ngondro de novescientas mil repeticiones y especialmente el Kalung Gyatso (Ngondro extendido de tres años).

Muchos maestros Dzogchen dicen que para alcanzar la perfecta realización en el Dzogchen es bueno aprender los otros vehículos. Seguí ese consejo comenzando en el monasterio Lungkar, en Tibet, estudiando filosofía sútrica, lógica y psicología Budista. La mayor parte de mi entrenamiento adicional ocurrió luego de que vine a India, estudiando a lo largo de algunos años en el Monasterio Menri, luego en la universidad monástica Sera Je con el gran maestro Choden Rinpoche, en antiguos Abades Losang Tsering y Losang Delek. Mientras estaba en Sera Je, alrededor de tres mil monjes se reunían a debatir cada noche y a veces también por las mañanas. Entonces recitábamos el Sutra del Corazón y las plegarias a Tara para larga vida. Intentaba practicar meditación Dzogchen durante esos períodos de plegarias. Al principio era difícil pero con el tiempo se hizo más fácil. Por lo general cuando me sentía triste, extrañaba mi hogar, estaba enojado o descontento, utilizaba la meditación Dzogchen y era inmensamente beneficiosa.

Luego de muchos años, cuando volví a mi linaje original a través del Monasterio Triten Norbutse, en Katmandú, Nepal, muchos de mis amigos pensaban que ya no me interesaba el Dzogchen, porque había estudiado tantos años en el Monasterio Sera, donde no se practicaba Dzogchen. Mis amigos daban por sentado que había abrazado la visión gradual de los Gelugpas. De hecho, nadie puede afirmar con certeza cómo son la práctica y visión de otra persona, ya que en sentido último son asunto internos y "secretos", así que no tenía sentido intentar explicar mi experiencia interna. Estudié Dzogchen y Tantra con Lopon Tenzin Namdag Rinpoche en Nepal. Y estudié Sutra y Tantra en profundidad en las tradiciones Bon y Gelug. Al final comprendí que estaba más interesado en el Dzogchen Puro. Así que ahora, cuando enseño Dzogchen, no lo mezclo con Sutra y Tantra.

Este libro, por lo tanto, es una compilación de enseñanzas de Dzogchen Puro que he ofrecido recientemente a mis estudiantes y al público en general en el Norte de California. Contiene citas de la Transmisión Oral de Zhang Zhung.

Esta enseñanza puede impartir una experiencia directa de la Mente Natural desde el inicio. A menudo se da por sentado que el camino a la liberación es muy largo, que quizás lleve muchas vidas. En el abordaje del Dzogchen Puro, como la Naturaleza de la Mente se comunica directamente a través del linaje y el maestro, este proceso puede ser mucho más rápido. Las enseñanzas de los Sutras dicen que el Camino requiere tres eones inmedibles para realizarse. En el Tantra, el camino puede ser más rápido pero aun así conlleva enorme esfuerzo y complejidad. En este abordaje de Dzogchen Puro, como la Naturaleza de la Mente se revela directamente, esta completa realización puede ocurrir muy rápidamente. Como en Dzogchen se tiene acceso directamente a la Naturaleza de la Mente, el proceso de purificación ocurre a través de la iluminación que emerge de esta revelación. Las aflicciones mentales pierden su poder de sujeción sobre la mente a medida que la naturaleza más profunda se hace más clara. Así que sin importar el trasfondo de país, el género, la edad, etnicidad, creencias o la historia de experiencias y emociones dolorosas, el camino de Dzogchen Puro puede rápidamente traernos al reconocimiento trascendental de la Naturaleza de la Mente con mucho menos esfuerzo que los abordajes tradicionales de los Sutras y Tantras. Esto es porque el poder de este reconocimiento directamente socava las bases de las aflicciones mentales, que son en esencia la mente dual.

Desde esta perspectiva, la meditación en la Naturaleza de la Mente es la manera más poderosa para purificar la mente de inclusive eones de patrones kármicos negativos. Como el camino de Dzogchen Puro trata de la experiencia directa de la Naturaleza de la Mente, el estudio de los Sutras Budistas y otros textos no es necesario. De hecho, si uno se acerca desde un punto de vista agnóstico, ateo o secular, no interesa si uno estudia estos textos. La Naturaleza de la Mente está más allá de todas las creencias y filosofías. Su realidad deviene directamente autoevidente. El punto de vista del Dzogchen

Puro como metodología puede explicarse filosóficamente, con la lógica y la razón, aunque su objetivo último está más allá de la lógica y la razón.

En las enseñanzas de Dzogchen Puro, como el Dharmakaya está siempre presente como la capa más sutil de conciencia, su reconocimiento a través de esta enseñanza y práctica hace emerger de manera simultánea a la Base, el Camino y el Resultado.

Esto significa que el proceso de Dzogchen Puro, o el "Camino" de reconocer la Naturaleza última de la Mente, o la "Base" misma, genera una claridad creciente de este reconocimiento, o "Resultado". Como el Dzogchen Puro propone la Naturaleza de la Mente como una cualidad inherente más que como una "semilla" a ser cultivada a lo largo del tiempo, verdaderamente no se lo puede comparar con otros abordajes. El fruto último de la práctica de Dzogchen Puro es la obtención del Cuerpo de Luz Arcoíris, una manifestación de profunda realización única al camino Dzogchen.

Creo que al presentar directamente la Naturaleza Búdica Primordial a través de las enseñanzas del Dzogchen Puro, quienes reciban estas enseñanzas pueden entrar en ese reconocimiento y descubrir verdadera paz, fortaleza y valentía en la vida, y confianza en una eventual experiencia positiva de muerte, Bardo y renacimiento.

Geshe Dangsong Namgyal

No. 1

La mente natural
es como una joya.
Si estás buscando la mente,
no la encuentras.
Incluso si no la buscas,
nunca está perdida
ni separada.

Buscando la Mente

Es muy importante reconocer nuestra mente porque a través de nuestra mente podemos trascenderla. Por supuesto, todos sabemos que tenemos una mente porque pensamos todo el tiempo. ¿Pero, qué es la mente? La ciencia afirma que la mente se encuentra en las neuronas, pero la experiencia nos dice que nuestra mente y pensamientos no son células. Si verdaderamente buscamos la mente, no es tan fácil. Hay historias de estudiantes que buscan su mente en las montañas o cerca del mar, en piedras o en árboles. Estas historias apuntan al hecho de que debemos buscarla en nosotros mismos y no fuera para encontrarla. Tenemos nuestra mente ordinaria que se ocupa en pensamientos del pasado, presente y futuro. Esta mente realiza todas las actividades pero no sabemos su condición real. Primero debemos reconocer nuestra mente ordinaria. Luego buscamos la Mente Natural que se encuentra más allá de las conceptualizaciones de nuestra mente ordinaria, y que está más allá de las palabras.

No. 2

Una persona
temiendo el nacimiento y la muerte,
se interna en un dichoso
retiro en solitario
en una ermita.
Esa persona reconoce
la base de todo,
y de esa manera
obtiene una certeza profunda
de la autoconciencia innata.

Todo es Mente

¿Cuál es la condición de nuestra mente? La mente es la fuente de todo. Todo lo positivo y negativo que experienciamos depende de la mente. Cuando usamos nuestra mente hábilmente, obtenemos algún control. Por ejemplo, un practicante se levanta por la mañana y define la motivación "hoy quiero tener una compasión positiva y pacífica", y nota que su día se desarrolla así. A mediodía reflexiona en su motivación. Más pensamientos positivos en la tarde llevan a una buena motivación por la noche. Luego, reflexionando en lo positivo de su día piensa "mañana recordaré esa motivación otra vez". La mente es como un rey que gobierna las acciones del cuerpo y la mente como sus sirvientes.

La meditación en la Mente Natural es sin objeto. No tratamos de visualizar nada o de concentrarnos en un objeto específico. Nos sentamos con la espalda derecha y relajamos nuestro cuerpo y mente y no nos preocupamos acerca de los pensamientos que surjan. Los dejamos ser. Los pensamientos son mente, y tenemos muchas mentes de la misma manera en que tenemos muchos pensamientos. No hacemos ningún esfuerzo y no tratamos de detener los pensamientos. La Mente Natural es reconocida cuando nos relajamos y no intentamos hacer que ocurra nada.

Sólo permanecemos naturalmente. ¡Está bien si podemos hacer esto por cinco minutos, o aún por un minuto! Sencillamente vuelve a la meditación si sientes que tu mente se ha dispersado. Es mejor detener la meditación cuando estamos teniendo una buena experiencia, y volver a ella más luego.

No. 3

Las cualidades positivas
de la Mente Natural
son inconcebibles,
es como descubrir
el tesoro de un rey.
Quien permanece
en su verdadero significado
disfruta de la riqueza
inagotable de sus frutos.

Dos procesos al principio

Permanecer serenamente quiere decir poder descansar la mente sin distracciones mientras nos concentramos en un objeto que imaginamos hasta que puedas imaginarlo como una imagen clara, brillante y con peso en tu mente. Imagina el objeto como de una pulgada y frente a ti a una distancia como de un brazo. Sólo sigue practicando y obtendrás alguna experiencia. Obtendrás beneficios incluso al lograr los primeros estadios de la práctica. Realizamos esto como un preliminar a nuestra práctica meditativa principal. Podemos intentar disminuir los obstáculos de la pesadez o agitación.

La Meditación en la Mente Natural es nuestra principal práctica meditativa. Para comenzar, analizamos ¿Dónde está mi mente? ¿Verdaderamente podemos hallarla en algún lugar del cuerpo? Observamos los pensamientos mientras vienen. ¿De dónde vienen? ¿Adónde van? tenemos conceptualizaciones, confusiones y pensamientos que vienen y van en nuestras mentes. Noten qué pensamientos vienen y véanlos sin juicios, y luego obsérvenlos desaparecer.

La Meditación en la Mente Natural resuelve los problemas de pesadez o agitación en la mente cuando sencillamente reconocemos cómo estos obstáculos vienen y van.

No. 4

La mente y todos
los estados mentales
se disuelven en el espacio
de la naturaleza de la mente.
Todas las actividades se disuelven
en el espacio de la quietud.
Todas las formas de habla se disuelven
en el espacio del silencio.
Todas las nubes de pensamientos
y recuerdos
se disuelven en el
espacio libre de pensamiento.

Reconocer la Mente Natural

Normalmente no hemos prestado atención en absoluto a la mente y no hemos tenido realización acerca de lo que está ocurriendo. Ahora, a medida que nos apercibimos de cómo los pensamientos vienen y van, vemos que la mente está constantemente atareada. La meditación reduce esto gradualmente. Pero, ¿cómo sabemos si hemos reconocido la Mente Natural? Hay analogías para los signos que podemos notar a medida que desarrollamos nuestra meditación y comenzamos a tener control sobre la mente:

- Es como una abeja que nunca se aleja de la flor.
- Es como un pez que permanece en el agua.
- Como un océano sin viento, la mente es calma.
- Como una montaña, la mente es estable.

Estos ejemplos ilustran cómo la mente meditativa feliz se relaja y no necesita seguir muchos pensamientos. El meditador encuentra que el mero disfrutar la experiencia de la Mente Natural es suficiente y no hay mucho abordaje de los diferentes pensamientos que van aquí y allá.

No. 5

El primer Buda
es la naturaleza primordial
auto-originada...
en esencia, la Mente Natural.
Todo se encuentra incluido
en la Mente Natural,
sin separaciones.

Pureza Primordial

Se dice que el Samsara y el Nirvana ambos vienen de la pureza primordial de la Mente Natural. ¿Qué podemos entender por esto? Si consideramos que Samsara es como la vida que tenemos, en la que continuamente experienciamos incrementos y desmejoras, y luego lo contrastamos con la felicidad y paz duraderas que son el Nirvana, puede que nos preguntemos ¿Cómo pueden venir de la misma fuente? Todos tenemos buen y mal karma. Las cosas nos van bien y luego algo ocurre y nos sentimos desdichados. La paz ininterrumpida del Nirvana, libre del karma descontrolado, es su opuesto, de manera que ¿de qué manera podemos afirmar que son lo mismo? Podemos ver que ambos Samsara y Nirvana son estados de la mente. La felicidad, el sufrimiento y la paz se encuentran basados en la mente. Todo está incluido en la Mente Natural. Siempre tenemos la Mente Natural primordialmente pura. Todo lo que hay en nuestra experiencia es una expresión de ella. Sabiendo esto, podemos controlar nuestras mentes.

.

No. 6

La mente natural es auto-originada
y son los tres cuerpos de Buda.
La esfera única tiene espontaneidad
¡y es algo maravilloso!

Cualidades espontáneas de la Mente Natural

La Mente natural tiene una cualidad espontánea. "Espontáneo" en el Dzogchen significa potencialidad no obstaculizada.

La Mente Natural tiene cuerpo, sabiduría, camino y resultado espontáneamente iluminados. Quien obtenga una buena realización se ve liberado de las cinco confusiones. Las cinco confusiones emergen como ira, apego, ignorancia, orgullo y celos.

Las seis perfecciones sin oscuraciones de la generosidad, paciencia, moralidad, esfuerzo, concentración y sabiduría que discierne se manifiestan. Por ejemplo, la Mente Natural es la libertad de la miseria. Es el potencial sin obstáculos para la generosidad. La Mente Natural se encuentra más allá de los votos y promesas de Samaya y es el potencial inobstruido para la moralidad.

Las cinco confusiones se liberan porque la Mente Natural es el potencial inobstruido para las cinco sabidurías.

Según los vehículos inferiores del budismo, hay ocho diferentes niveles de vista, conducta, resultado y la mejor cualidad. Estos también emergen espontáneamente en la Mente Natural.

No. 7

Todo lo que aparece y existe,
el Samsara y el Nirvana,
todo está incluido
en la bodhicitta absoluta.
En este sentido,
la Gran Perfección.

¿Qué es la Gran Perfección? (Dzog Chen)

Tres cosas: la base, el camino y el resultado, se incluyen simultáneamente en la naturaleza de la atención en la compleción perfecta. En el Dzogchen o la Gran Perfección, los practicantes, en sus prácticas, o bien obtienen el Dzogchen, o no.

Hay cuatro posibles configuraciones: 1) quien tiene realización sin comprensión de la enseñanza, lo que es grande, pero no es la perfección. 2) quien comprendió las enseñanzas sin que aparezca la realización, es lo perfecto, pero no lo grande. 3) quien tiene realización con entendimiento, esto es absolutamente la Gran Perfección. 4) quien no tenga ni realización ni comprensión del Dzogchen, lo que no es ni grande ni perfecto.

Todos los seres sintientes tienen sabiduría auto-originada. Por lo tanto, alguien puede tener realización antes de recibir las enseñanzas Dzogchen. La realización de esta manera es algo grande, pero no la perfección. Alguien puede recibir la enseñanza pero no tener realización porque no ha practicado lo suficiente.

¿Qué quiere decir Perfección? Todas las terminologías conceptuales están integradas en una esencia de significado. Las cualidades de todos los vehículos incluyen las cualidades del estado natural. Todas las construcciones mentales se pacifican en la base fundamental. ¿Por qué esto deviene Grande? Porque está libre de toda limitación y de todo límite. No tiene igual en ninguna cualidad. Nada lo supera. Por esto esta enseñanza se llama Grande.

No. 8

Buscas el significado
más sutil.
Si lo buscas,
no lo verás.
Sin verlo,
es la mejor forma de verlo.

Cualidades de la Mente Natural

Cuatro Cualidades Inconcebibles:

- Más allá de la Vista
- Más allá de la Meditación
- Más allá de la Acción
- Más allá del Resultado

La Mente Natural está más allá de la mente, como el espacio en una noche sin nubes y sin luna. No se puede concebir cuán vasto es. Es ilimitado e inconmensurable. Difícilmente podamos imaginarnos su profundidad. ¿Quién en algún momento de su vida no se ha maravillado por la inconcebible vastedad del espacio?

Los practicantes superiores lo experiencian así: el meditador va más allá de la mente y experiencia la vastedad inconcebible de la Mente Natural.

Finalmente deciden "Es así". Esta es la verdad última. Es lo absoluto: más allá de la mente, más allá del habla e inconcebible.

No. 9

Porque la puerta del
tesoro de la mente se abre,
Todo lo necesario está
completamente en uno.

Realizando nuestras buenas cualidades

Ahora pensamos "Quiero meditar". ¿Cuáles son nuestras aspiraciones? Tenemos una cualidad buena e importante, la Mente Natural, pero no la reconocemos. Si no la conocemos, no puede ayudarnos. Hasta ahora siempre estamos siguiendo pensamientos que emergen en nuestras mentes. Esto conduce al descontento y la negatividad que experienciamos. Puede que estemos deseando algo mejor. Generalmente no creemos tener la misma cualidad que seres santos. Puede que nos descorazonemos fácilmente y entonces no nos esforzamos hacia las meditaciones de nivel superior. ¿Por qué nos desalentamos? Porque no sabemos que ya poseemos esta buena cualidad. Puede que parezca que las buenas cualidades de la naturaleza búdica o la divinidad se encuentran muy lejos. Eso es por no saber que ya tenemos esas buenas cualidades. Deseamos obtener realización de nuestra buena cualidad. Ya tenemos la Mente Natural. Necesitamos creerlo para realizarla y recordarlo en todo momento.

Podemos obtener alguna experiencia en nuestra meditación. Cuando reconocemos nuestra Mente Natural, entendemos la cualidad que ya tenemos y no deseamos nunca separarnos de ella. Nuestra mente se enriquece. Nos sentimos alentados y recibimos energía, fuerza y una mente poderosa.

No. 10

Los practicantes se iluminan
y desde ese momento,
los agregados contaminados nunca regresan.
Han alcanzado la gran transformación
del Cuerpo Arcoíris.
Trabajan para el beneficio de los seres sintientes
como el reflejo de la luna en el agua.

¿Qué es el Cuerpo Arcoíris?

Muchos practicantes Dzogchen han alcanzado el Cuerpo Arcoíris. Para algunos de ellos, el cuerpo se disuelve en el espacio con arcoíris y luces. Para otros el cuerpo se hace pequeño a lo largo de unos pocos días y son envueltos por luz. Finalmente sólo quedan el cabello y las uñas. El cuerpo desaparece como la sal disolviéndose en el agua. Para otros, luego de la muerte, aparece un arcoíris en el cielo, o luz o nubes especiales. El cuerpo sigue allí pero es mucho menor.

¿Por qué algunos practicantes Dzogchen obtienen el Cuerpo Arcoíris? Hay tres fenómenos que desaparecen en la atención innata: Externos, Internos y Secretos.

Los fenómenos externos son las consciencias más gruesas asociadas con los sentidos y la ilusión de las conciencias mentales. Los fenómenos internos son los pensamientos y conceptualizaciones más sutiles. Los fenómenos secretos son las manifestaciones de la luminosidad. Estos tres desaparecen en la conciencia innata. Entonces la luminosidad del cuerpo, las formas, la luz y los mandalas se disuelven todos en la conciencia como una nube que desaparece en el cielo.

El Cuerpo Arcoíris es un signo de la práctica y la experiencia de la persona. Han alcanzado la atención primordial completa. Y permanecen siempre en esa conciencia. Este nivel se llama "iluminación".

No. 11

Ver las ilusiones
como fallas es aferrarse.
Sencillamente dejarlas,
ese es el método.
Liberándolas en el espacio.

"Sin esperanza ni temor" es el Fruto.

Si se imaginaran ir a un lugar dorado, todo allí sería dorado. De esta manera, imaginen alcanzar una experiencia elevada de meditación en la Mente Natural. Todas las apariencias y fenómenos están incluidos en la Mente Natural, sin separación. Habiendo alcanzado el más alto nivel de meditación, no es necesario tener esperanza en alcanzar más cualidades. No se necesita nada más. No hay samsara, ni reinos infernales, ni sufrimiento, y entonces no hay necesidad de temer. Ya no hay más objetos de temor.

El fruto es la iluminación de un Buda, y entonces, alcanzado esto, se pueden usar los tres cuerpos. La autocognición es el Dharmakaya, su conexión cuerpo-mente es el Sambhogakaya y sus actividades son el Nirmanakaya. Estas son manifestaciones para beneficiar a todos los seres sintientes. No hay esperanza ni temor en los estados más elevados.

No. 12

La luz aparece
claramente en el cielo.
El sonido autooriginado
surge de la vacuidad.
La forma es inseparable
de la vacuidad y de la luz clara.
Se los llama objetos aparentes.

Tres apariencias

Las tres apariencias (color luminoso, sonido y forma) son manifestaciones de la sabiduría de la conciencia. El color viene de la cualidad de claridad de la conciencia. Es similar al arcoíris. El sonido viene de la conciencia de la vacuidad y es similar a un eco. La forma sale de la inseparabilidad de las conciencias del vacío y la claridad, y es como un reflejo.

La conciencia es la base de los cinco colores (rojo, amarillo, blanco, verde y azul). Las cinco grandes sabidurías vienen de estos colores y en realidad no están separadas de estos. Las cinco confusiones de los seres sintientes también surgen de los cinco colores. Igual que ante un espejo, cualquier cosa puede aparecer. Cosas buenas y malas aparecen en el espejo, sin perturbar al espejo en sí. Lo positivo y lo negativo no son obstrucciones.

A medida que un practicante avanzado analiza Madre, Hijo y Apariencias, las Cinco Grandes Sabidurías aparecen. Todo se vuelve positivo. Todo lo que aparece es la Mente Natural y se manifiesta de la Mente Natural como cualidades positivas, tierras puras o mandalas porque Madre, Hijo y Apariencias son inseparables.

No. 13

La ignorancia coemergente
es la fuente principal.
La ignorancia conceptual
es la fuente condicionada.
El fruto son las cinco confusiones.
Estas son las causas
de la existencia cíclica en Samsara.

Cómo emergen la Ignorancia y Samsara

El león ve su cara en el agua. Piensa allí hay otro león, pero no lo hay. Incluso su cara no existe en el reflejo. De esta manera, tenemos tres apariencias sutiles, color forma y sonido, que son manifestaciones de la Mente Natural.

En el origen, sólo tenemos Pureza Primordial. Luego surge la ignorancia coemergente. Igual a un león que piensa que hay otro león en el agua, vemos las tres apariencias. Pero luego nos aferramos a ellas como si vinieran de otra fuente que no fuera nuestra propia Mente Natural. La ignorancia coemergente causa las conceptualizaciones que se aferran a la forma, olfato, gusto, sonidos y tacto y los cinco objetos de estos sentidos. Al mismo tiempo emerge la ignorancia conceptual que se aferra al "yo" y "tú". Luego emergen las cinco ilusiones de esa ignorancia. La ignorancia conceptual es como un viento fuerte que hace que las nubes se muevan rápidamente. Las cinco ilusiones vienen y generan Karma. Los resultados kármicos son los tres reinos y las seis categorías de seres.

De la ira surge el reino de la forma.

Del apego surge el reino del deseo.

De las seis confusiones habituales surgen las seis categorías de seres y los Doce Vínculos. Esta condición es llamada Samsara.

No. 14

La cualidad de la Vacuidad
es el Dharmakaya.
La cualidad de la Claridad
es el Sambhogakaya.
La diversidad de habilidades
milagrosas es el Nirmanakaya.

Tres Cuerpos Iluminados en el Dzogchen

Los tres cuerpos iluminados son el Dharmakaya, el Sambhogakaya y el Nirmanakaya. Estas son tres cualidades de la Mente Natural. En las enseñanzas Dzogchen, un método de introducir estas es hablar de su ubicación y luego describir qué es cada una.

Como no podemos apuntar a algo en particular que sea el Dharmakaya, que es vasto y es como el cielo, su ubicación se describe como "ubicado" en la cualidad de la pureza primordial de la autoconciencia sin sujeto ni objeto. Es sin parcialidades y es la pureza primordial.

El Sambhogakaya se encuentra en nuestro corazón. En la tradición tibetana, la mente se encuentra en el corazón. El objeto es la conciencia con tres manifestaciones: forma, color y sonido. Todos los fenómenos son espontáneos allí.

El Nirmanakaya se encuentra en el recorrido de los tres canales. La conciencia que aparece allí son los seis fenómenos y seis objetos apareciendo en las seis conciencias. En realidad, estos son el cuerpo iluminado y el campo búdico. Como tenemos confusión, no reconocemos que ya los tenemos, y surge el samsara. Estos cuerpos se encuentran espontáneamente incluidos en la Mente Natural.

No. 15

Mantener la atención
es la condición natural.
Lo que sea que emerja,
la mente no sigue ese objeto.
Entonces,
el practicante
logra la independencia.

Aparecer y Liberarse Simultáneamente

Si un niño se pierde, su madre lo buscará hasta que lo encuentre, incluso si debe buscarlo un largo tiempo. Igualmente, todas las apariencias se manifiestan desde y vuelven hasta la Mente Natural. Si tenemos una buena realización, todos los fenómenos sencillamente desaparecen en la Mente Natural fundamental que es como el espacio. Esta realización se llama Liberación. Para el practicante elevado y realizado, todo lo que ve es el cuerpo, habla y mente iluminados, y todas las actividades búdicas son apariencias del mandala y de tierras puras. Esta es la liberación. También, cuando el practicante inicial tiene, por ejemplo, pensamientos negativos, los observa disolverse en la Mente Natural. Esto también se llama liberación. La práctica, entonces, se llama "Aparecer y Liberarse al Mismo Tiempo". Nos entrenamos en practicar esto en la meditación y en nuestras vidas cotidianas.

Para el practicante principiante, el resultado y la fuente se ven como dos cosas distintas, pero sin embargo el resultado es parte de la fuente. Si tenemos realización de que son lo mismo, emergen y se liberan al mismo tiempo.

No. 16

El ejemplo es el espacio
El símbolo es la gran vacuidad
el significado es la verdad absoluta.

Tres Formas de Entender la Mente Natural

Tres Formas de Entender la Mente Natural son a través de:

Ejemplos: Una ilustración fácil de entender y que todos conocen y ven, una metáfora.

Símbolos: El significado más profundo al que la metáfora apunta.

Significado: Lo que es esencial entender.

Respecto de la Mente Natural:

El ejemplo es el espacio. En el espacio hay un arcoíris, nubes y muchas otras cosas. Estas aparecen, permanecen y desaparecen en el espacio. El espacio no tiene fin, color ni parcialidades. La Mente Natural es como el espacio, los pensamientos y confusiones aparecen, permanecen y desaparecen en ella.

El símbolo es la cualidad de la claridad, la cualidad de la vacuidad y la gran claridad que es la unión de la claridad y el vacío. Lo que es apariencia para la mente y los factores mentales va y viene sin aferrarse porque la Mente Natural no se aferra.

El significado es la verdad absoluta que es no emergente. Hay apariencia de fenómenos y entidades pero toda apariencia permanece en la verdad absoluta y desaparece en la verdad absoluta. No hay parcialidad, está más allá del habla y las conceptualizaciones.

El significado es la verdad última como foco único.

No. 17

¿Qué es
la sabiduría
cognitiva?
Su esencia
es la luz clara.
Es natural,
sin conciencia
ni conceptualizaciones.

Reconocer la Madre, el Hijo y la Manifestación

Para el meditador Dzogchen, es importante reconocer la conexión entre aspectos de realización, como Madre, Hijo y Manifestación.

La Madre es la pureza primordial y es como el cielo. Es la base del samsara, nirvana, Buda y los seres sintientes. Es la gran fuente.

La sabiduría cognitiva hijo es como la luz del Sol en el cielo. Permanecemos en esta atención desnuda e inobstruida sin aferrarse y sin esfuerzo.

La Manifestación son las apariencias que surgen de la sabiduría cognitiva. La forma, el sonido y el color son las apariencias más sutiles.

Es muy importante reconocer la Madre, el Hijo y la Manifestación en la meditación y obtener realización en ellos. Pero esta práctica también es muy importante para la vida diaria. Si tienes una buena realización entonces muchos sufrimientos y problemas se resuelven. Cuando uno tiene un problema, esto ayuda mucho.

No. 18

Hay un objeto
pero ese objeto
no tiene fundamento.
La apariencia es nominal.
El nombre es lo mismo
que la apariencia.
El nombre no tiene fundamento.

Karma y la Mente Natural

El karma negativo es la principal fuente del sufrimiento de los seres sintientes. ¿Cómo se genera el karma? A través de las seis conciencias, nos aferramos a los seis objetos. Por ejemplo, si vemos una flor, la conciencia del ojo causa la emergencia de la conceptualización mental (o pensamiento), que a su vez se aferra a ella como objeto. Actualmente nos controlan estos apegos y de esta manera creamos el karma resultante. Por esto damos vueltas en samsara.

¿Qué causa este círculo de samsara? No haber realizado la Mente Natural. Si tenemos un buen nivel de realización, entonces cuando la conciencia se aferra a un objeto, sencillamente lo observamos. Podemos ver que la base de la conciencia es como el cielo y que la conciencia misma se ve como un arcoíris que aparece allí. La base es en realidad la Mente Natural. Lo que se le aparece al practicante y las acciones de su conciencia son el mandala del Nirmanakaya. El mandala es el Buda y la tierra de Buda.

Por lo tanto no hay nada negativo ni mal karma. Es como una pintura de un manzano en la pared. Vemos la manzana pero no podemos comerla. Sólo es una apariencia que no está allí en realidad.

No. 19

Las impurezas desaparecen
en la pureza,
como la sal se disuelve en el agua.
El mal karma y todas
las ilusiones
son liberadas
en el estado natural.

Purificación en el Dzogchen

A través de incontables renacimientos hemos acumulado mal karma, "almacenado" en nuestras tendencias habituales. Estas semillas kármicas fácilmente catalizan sufrimiento y renacimientos en el "remolino" de la originación interdependiente. Sin embargo, todo el mal karma puede ser purificado a través del método de los cuatro poderes que se oponen. Este es el caso en el Sutra, Tantra y todas las tradiciones budistas incluyendo al Dzogchen. En el Dzogchen, la purificación es un asunto de realización de la Mente Natural, y buena experiencia en esa meditación. En esta visión, todo el mal karma y falta de virtud es realizada como sin fundamento. Todas las semillas kármáticas se sellan en la Naturaleza de la Mente, queriendo decir que todo es una manifestación de la Naturaleza de la Mente.

A través de esta realización, todo el karma es "purificado" en tanto que no fue creado en primer lugar. Por ejemplo, no se puede pintar en el espacio. Incluso si emergen los colores, no hay lienzo sobre el cual puedan ser fijados. Los fenómenos son sin ninguna otra base. La única base es el Estado Natural. De acuerdo con esta enseñaza, meditar por un segundo en esta naturaleza de la mente purifica eones de mal karma. Por lo tanto, es el mejor método para la purificación.

No. 20

Las cinco ilusiones
son completamente purificados.
La conciencia primordial
naturalmente reside
en las cinco sabidurías.

Presentando el Refugio Secreto

Las enseñanzas del Dharma dicen que la práctica de refugio es importante. ¿Por qué necesitamos la práctica de refugio? Sabemos que nosotros y todos los seres sintientes tienen problemas y sufrimiento y buscamos ayuda. Tenemos sufrimiento físico y sutil en Samsara.

Si reconocemos la Naturaleza de la Mente y obtenemos experiencia, esto ayuda a aliviar nuestro sufrimiento, incluso la raíz del sufrimiento. Todo el sufrimiento viene de fenómenos temporarios. Las realizaciones más elevadas traen control sobre las malas apariencias y uno obtiene maestría sobre todos los fenómenos.

Cuando reconocemos la Mente Natural y creemos en ella, esto es la práctica de refugio. Cuando tenemos mayor experiencia, Nirvana y todas las cualidades de Buda se adquieren automáticamente. En ese momento, muchas cualidades iluminadas se manifiestan, tales como las cinco sabidurías.

La atención y conciencia intrínsecas es la mente especial de todos los Budas. La enseñanza dice que cuando vemos la sabiduría autoconsciente, vemos miles de rostros de Buda.

Cuando practicamos, el sufrimiento físico y el sutil son liberados en la Mente Natural. Estamos protegidos del sufrimiento. Esta es la mejor práctica de refugio.

No. 21

La Bodhicitta es
la no dualidad
y es primordialmente
sin esfuerzo.
Cuando comprendemos
el Rey de la Atención,
la Bodhicitta, es como un
cielo vasto y luminoso.
Es la luminosidad
ubicua y sin restricciones.
Se la llama Bodhicitta.

Dos Bodhicittas en el Dzogchen

La tradición Dzogchen es una tradición Mahayana, por lo tanto practicamos no sólo para nosotros mismos, sino también para que todos los seres sintientes se iluminen. Reducir el egoísmo es la base de la práctica. Las enseñanzas sútricas que explican la Bodhicitta relativa y la Compasión no son diferentes al Dzogchen.

Las dos Bodhicittas están incluidas en el entrenamiento de la mente de las tradiciones Mahayana. Son la Bodhicitta Convencional o Relativa, y la Bodhicitta Absoluta o autoconsciente.

En tibetano, "jangchub sem" es Bodhicitta. Jang significa que primordialmente toda ignorancia, ilusión y errores son purificados. Chub significa que todas las cualidades iluminadas están incluidas en el logro espontáneo de la realización suprema. Sem significa el estado Natural de la mente. Por lo tanto, en Dzogchen, esta es la Bodhicitta Absoluta.

Cuando practicamos, todos los seres sintientes aparecen y son sellados o incluidos en la Mente Natural. Gracias a la motivación Mahayana, esta práctica cultiva la iluminación de todos los seres sintientes.

Todos los fenómenos se encuentran sellados en la Mente Natural. Este es el mejor símbolo para convocar a todos los seres sintientes a la iluminación. Es la mejor práctica de Bodhicitta.

No. 22

Mira, todo
todo es un caso
de auto originación.
Ningún fenómeno
de nuestra experiencia
viene de una fuente externa;
todo se origina
desde la Mente Natural.

Pensamientos que pasan como nubes

Imagina que la vastedad que es como el cielo se abre infinitamente en todas las direcciones. En esa vastedad que es como el espacio, aparecen nubes y luego, por sí mismas, desaparecen. No requieren ningún esfuerzo. Van y vienen aviones, nubes negras y pájaros, mientras que el espacio profundo e inalterable permanece libre y puro. De igual manera, nuestra mente es primordialmente pura. De igual manera, los pensamientos, temores, preocupaciones, felicidad, sufrimiento y alegría aparecen en nuestra mente y, por sí mismos, van y vienen en la vastedad de la Mente Natural.

¿Cómo sería si experimentáramos un pensamiento que es como una nube que pasa ahora mismo, sin verlo como bueno o malo y sin perdernos en él, sin seguirlo?

La meditación en la Mente Natural es así. Si intentamos detener el pensamiento, esto no es la meditación. Si lo seguimos o nos perdemos en el pensamiento, esto tampoco es la meditación. Sencillamente permitir que la mente sea natural, permitiendo que el pensamiento vaya y venga es la meditación. Cuando obtenemos realización de esto, ya no nos controlan nuestros pensamientos.

No. 23

El error
es apegarse
a la experiencia
de meditación.
El estado mental calmo
del meditador
es muy presente.
Se parece a un
viajero dormido
en el camino.

Tres pasos: Descansar, Destruir, Permanecer

Inicialmente meditamos sin concentrarnos en un objeto, como formas, colores, aromas, visualizaciones, etcétera. Los tres pasos que se usan en esta instancia son: descansar, destruir y permanecer.

Descansar: Debemos meditar sin seguir conceptualizaciones. Descansamos en la imposibilidad de la aprehensión. Nuestra meditación es relajada, descansando libre y fácilmente; dejarlo como es naturalmente.

Destruir: Durante la meditación, cuando emerge un problema, destruirlo. Puede que hallemos que la mente ha comenzado a abordar un objeto, o que comienza a analizar nuestra meditación pensando "está yendo bien, esto es correcto". Debemos destruir estos patrones mentales porque son lo opuesto a la meditación. Si no los destruimos, es como una persona en un largo viaje que se duerme en la ruta. No puede alcanzar su destinación.

Permanecer: Luego de destruir los problemas, meditar nuevamente en la meditación sin distracciones. Permanecer en la Mente Natural continuamente y sin esfuerzo.

No. 24

Todo sujeto
y objeto
están incluidos
en la Mente Natural
sin separación.
Todo es
autooriginado.

La Naturaleza del Pensamiento

¿Quién no ha ido a la playa y se ha maravillado ante la enorme tormenta de olas más allá del rompiente? Es asombroso y hermoso. ¡Qué contraste con las plácidas olas de los días más serenos! Vemos muchas olas, ambas las que rompen en la costa y las que se forman y rompen mar adentro. Hay una analogía budista que se apoya en este fenómeno para ilustrar la naturaleza del pensamiento. El océano consiste de una amplia, vasta y profunda masa de agua. Las olas, especialmente las más grandes, emergen como algo de apariencia diferente del resto del océano. Pero las olas, sean grandes o pequeñas, comparten el mismo agua que el océano, y podríamos decir que son una expresión de la naturaleza del océano.

Los pensamientos que emergen y caen en nuestra mente son de la misma naturaleza que nuestra Mente Natural y son una expresión de ella. No son diferentes ni están separados de ella, de la misma manera en que una ola es una expresión del mar.

No. 25

Aferrarse a las cosas como reales
es la manera en que nos engañamos.
La ausencia de su naturaleza intrínseca
es la realización.

¿Qué es el ego y el aferrarse al ego?

Aferrarse al ego, ya sea sutil o burdamente, es la raíz del samsara. Es la fuente de todo sufrimiento y negatividad. La razón para esto es que toda mala fortuna y negatividad surgen de nuestra confusión. Por ejemplo, el apego y la ira surgen de atesorarse a sí mismo. ¿Y de dónde surge esto? de aferrarse al ego.

Normalmente en nuestra tradición, una de las vistas importantes es que el sí mismo no existe. ¿Qué es inexistente? Nada existe que pueda ser establecido desde el punto de vista del objeto. Por ejemplo, si uno va a la iglesia, vemos el arte o algunas estatuas en la pared. Un guía las señala y dice "este es Jesús", o "esta es María". Esta es la visión de acuerdo a la opinión ordinaria. En realidad es sólo arte. No es verdadero en absoluto. No son Jesús ni María. No podemos encontrar a Jesús o a María desde el punto de vista del arte. De igual manera para los seres humanos tenemos cinco agregados: forma física, sensación, percepciones, conceptualizaciones y conciencia. Estas son las bases para designar a nuestros egos convencionales. Pero no podemos hallar a ninguno de los cinco agregados en sí mismo. Esto es lo que llamamos el ser no existente.

Por otro lado, tenemos una vista convencional o ego nominal. Por ejemplo, en la reencarnación podemos seguir quién viene de una vida previa, está presente en una vida actual, e irá a una vida futura. Otro ejemplo es seguir a alguien que no ha alcanzado la completa iluminación, o alcanzará la completa iluminación. En estos ejemplos, nunca nos separamos del ego nominal.

Aferrarse al ego es lo opuesto de la sabiduría autoconsciente. Es como estar ciego. Si una persona ciega quisiera ver un bello lugar y disfrutarlo de manera más completa, no podría hacerlo. Como una persona ciega, nos gustaría realizar todo con claridad, pero encontramos una cantidad de obstáculos debido al atesorarse y al aferrarse al ego.

Nuestra meditación funciona muy bien para reconocer a nuestro ego o "yo". Sin embargo, a veces deberíamos mirar la manera en que las cosas aparecen. Por ejemplo, cuando piensas "me levanto", el pensamiento está muy cerca y está conectado al ego. Entonces deberíamos pensar: ¿De dónde sale el Yo? ¿Y qué hace? ¿Cuáles son las condiciones para el Yo? ¿De qué manera el ego es la condición opuesta a la mente natural? Esto ayudará al progreso de su experiencia meditativa.

No. 26

La Mente Natural
es espontánea.
No fabricada.
Como no es fabricada,
se dice que
no tiene causas.

Primeras Experiencias

Hemos estado hablando bastante acerca de la mente en la meditación y ahora hemos comprendido que la meditación se trata de obtener una experiencia de la Mente Natural.

Nos hemos dado cuenta de todos los pensamientos que atraen nuestra atención cuando queremos meditar. Esta es, de hecho, nuestra condición ordinaria. Todos nos hemos encontrado absortos en pensamientos para luego caer en cuenta de que nos había capturado una idea, emoción o apego a un objeto sensorial.

Abordamos nuestros pensamientos pasando de uno a otro durante todo el día. Nuestras mentes son como briznas de pasto que se doblan adonde sople el viento, dependiendo del próximo pensamiento que venga. Esto es porque no hemos prestado realmente atención.

Cuando comenzamos a meditar somos conscientes del ir y venir de nuestros pensamientos. El consejo es permitir que vengan y vayan sin seguirlos y sin tratar de detenerlos. Esta es la mejor forma de realizar la meditación en el Dzogchen. Podemos ver nuestra Mente Natural. No seguimos cada pensamiento como briznas de pasto en el viento.

No. 27

La Mente Natural
es un resultado sin causa.
La naturaleza perfecta
es sin esfuerzo
como el cielo.
Es la naturaleza suprema
por sobre todos los resultados.

Signos de Éxito

Hemos aprendido a buscar la mente y analizar "qué es la mente". El beneficio de esto es obtener una experiencia de la condición real de nuestra mente. ¿Cómo nos ayuda esto?

Mientras observamos cómo nuestros pensamientos van y vienen, podemos desarrollar alguna forma de dominio sobre nuestra mente. Sabemos que nuestras acciones y palabras y nuestras experiencias cotidianas están bajo el control de la mente, entonces ¡Cuán beneficioso sería poder controlar la mente!

Luego, a medida que progresamos, ¿Qué signos pueden aparecer que indiquen que hemos obtenido dominio sobre nuestra mente? Aquí hay algunas analogías para la mente controlada y estable del meditador:

- Es como agua en un tubo, con un flujo estable y continuo.

- Es como una tortuga en un recipiente que nunca se aleja demasiado de un punto.

- Es como un clavo que se encuentra firmemente clavado.

No. 28

Las impurezas se disuelven
en la Mente Natural.
La Pureza resplandece brillante.
Las concepciones desaparecen
como al desnudarse.

Descansar en la Mente Natural

Según el Tantra, nuestros cuerpos tienen energías de vientos en canales que dan apoyo a las funciones mentales. Como un jinete que necesita saber cómo controlar su caballo, los ejercicios de respiración como inhalar y exhalar lentamente por las narinas 21 veces pueden ayudar a serenar y preparar la mente para la meditación. Al calmar la energía de los vientos y luego nuestra mente, nuestro cuerpo y habla automáticamente descansan. Todo espontáneamente descansa. Aquel con descanso completo es el Iluminado.

A veces descubrimos que estamos mental y físicamente cansados al final del día o de la semana. Podemos lograr un descanso profundo cuando reposamos meditando en la Mente Natural. Se dice que "descansamos en la atención primordial panorámica". La Mente Natural es inconcebiblemente vasta, sin comienzo, y es una atención pura sin pensamientos sobre nuestras condiciones pasadas o futuras. Descansamos en esta vastedad pura de la mente.

No. 29

La gran libertad
de las limitaciones
es la mejor vista.
Esta es también
el rey de las vistas.
Es muy especial
respecto de otras.
Es maravillosa,
ilimitada,
singular.

Contemplación

Contemplamos nuestra condición natural innata. Como hemos aprendido, siempre seguimos nuestras conceptualizaciones y pensamientos. Así ha sido durante muchas vidas.

Consecuentemente, siempre están surgiendo sufrimiento y negatividades. Y entonces nos sentimos tristes por esto. Nos apena y también nos da temor que así continúe siendo en el futuro.

¿Cómo debemos contemplar la Mente Natural? La enseñanza nos dice que hay dos aspectos conectados de la contemplación: Estar en la Frescura y Estar Libre de Esfuerzo.

No dudes: puedes tener determinación acerca de esto. No necesitas pensar acerca de otras cosas o buscar otros significados.

La Frescura significa estar en el presente sin aferrarse al presente. Si permaneces en la Frescura, no haces ningún esfuerzo. Permaneces Natural, y no hay ningún Esfuerzo. Así se contempla la Mente Natural.

No. 30

Si tu meditación
permanece en un objeto,
es como si flotara,
y se pierde.
El viajero desea
continuar
y llegar lejos
pero se duerme
al costado del camino.

¿Cómo contemplamos?

Piensa. Todas las apariencias se combinan con la Mente Natural, que es como el espacio. Tenemos muchos pensamientos durante la meditación, todos contenidos en un único espacio. Cuando un pensamiento viene, comprende que emerge, permanece y se disuelve dentro de la Mente Natural, que es como el espacio. Su concepción, entonces, no se encuentra separada de la Mente Natural. Es como el azúcar que se disuelve en el agua y no puede ser distinguido del agua. De la misma manera todo se encuentra unificado en la Mente Natural.

Los muchos fenómenos; nuestras apariencias, sentimientos positivos o negativos, pensamientos y conceptualizaciones, todos están en la Mente Natural. No son diferentes ni están separados de ella.

Permanece en este estado. Ahora permanecemos en el estado de la Mente Natural. Hemos disuelto la generación de conceptualizaciones en la Mente Natural y ahora permanecemos sin hacer nada más, ni cambiar nada. Permanecemos en esta cualidad que es como el espacio.

No. 31

Si tu práctica
sigue la vía correcta
y es fuerte,
los tres pasos
gradualmente aparecen
de acuerdo con
los diferentes niveles
de capacidad.

Tres Pasos de Realización en la Práctica Dzogchen

En el Dzogchen, lo más importante es realizar la vista en la práctica. La realización significa cuánto entendemos las apariencias como sabiduría autogenerada, en el sentido de que no hay otro origen para las apariencias más allá de uno mismo. Gradualmente en la meditación más y más cosas pueden aparecer sin que uno se distraiga. Las enseñanzas Dzogchen explican tres niveles principales, cada uno con tres subcategorías: la meditación en una sesión (Thun Gom), la meditación habitual (Ngang Gom), y la meditación suprema (Long Gom).

1) En los practicantes principiantes surgen varias distracciones, estados agitados y obstáculos la mayor parte del tiempo, y puede que se aspecten como sentimientos de duda, temor y pena.

Luego, de a ratos, puede aparecer la sabiduría autogenerada como la luz del sol cuando hay nubes en el cielo. Lo más importante cuando hay un problema es mantener una y otra vez el esfuerzo de continuar la meditación. Si pueden avanzar de esta manera, un día puede aparecer la sabiduría originada y meditar será más placentero.

2) El segundo paso es darse cuenta de que la vista de las apariencias en el primer paso es un constructo hecho por la mente. Lo importante es seguir meditando, sin esfuerzo. Cuando progresan, todas las conceptualizaciones se convierten en un amigo y la multiplicidad aparece como de un único gusto. También es importante entrenarse en utilizar diversidad de objetos positivos y negativos en su práctica. Se debe aplicar la atención plena para retener la conciencia del estado natural y sellar todos los fenómenos en la sabiduría originada en su realización.

3) Cuando llegan al tercer paso de la meditación suprema, en la práctica, han agotado completamente cualquier esfuerzo en mantener el sujeto y el objeto. Su meditación es estable y permanecen día y noche en no-meditación y sin distracción. En este nivel, pueden automáticamente cortar a través del pensamiento y la conciencia ordinarios, porque no son necesarios para su práctica. Finalmente, se logra el nivel de la gran no-meditación. Sólo permanecen nombres y etiquetas para todas las apariencias fenoménicas. Todos los fenómenos han sido agotados y se encuentran sin cambios en el estado natural. Cuando alcanzan este nivel de práctica, han logrado completamente la realización suprema. A esto llamamos alcanzar el estado de Budeidad.

No. 32

La Naturaleza, las Circunstancias y la Confusión
son las tres fallas de la laxitud.
La lasitud disminuye la pureza
de la meditación.

Resolver la laxitud

Pueden haber muchas fallas que ocurran durante nuestra meditación. Las dos principales son la lasitud y la agitación, y hay formas gruesas y sutiles de estas.

En esta lección hablaremos de la lasitud, o la pesadez o somnolencia, en la meditación. Hay tres principales causas de lasitud: Naturaleza, Circunstancias y Confusión.

Naturaleza: Podemos experienciar lasitud si uno de los 4 elementos está desbalanceado. Por ejemplo, si el elemento tierra es dominante, entonces fácilmente sentiremos lasitud. Naturaleza también puede relacionarse con el nivel básico de inteligencia del meditador.

Circunstancias: Podemos sentir lasitud asociada al trabajo físico intenso, ropas demasiado abrigadas, clima caluroso o comer demasiado.

Confusión: Una persona puede cometer un error y no darle importancia, por ejemplo al sostener la vigilia, y pensar que no es un problema.

Soluciones: adoptar la postura meditativa correcta, elevar la mente recordando los beneficios y buenos resultados de la meditación, recordar las cualidades del Dharmakaya, limpiar el entorno, tomar un descanso, cambiar el asiento, ir a un lugar elevado, comer menos, cantar o recitar, y levantar la mirada o contemplar el cielo.

No. 33

La Agitación
es cuando la mente
va en todas direcciones.
Como una nube
que va donde quiera
que sople el viento.

Resolver la Agitación

Las dos principales fallas en la meditación son la laxitud y la agitación. En esta lección vamos a cubrir la agitación o el exceso de pensamiento. Hay tres principales causas para la agitación: Naturaleza, Circunstancias y Confusión.

Naturaleza: los 4 elementos no están balanceados. Si los elementos fuego o viento son dominantes, es fácil sentir agitación. Un desequilibrio de los elementos también puede llevarnos al enojo u orgullo que pueden contribuir con la agitación.

Circunstancias: alguna gente tiene la propensión de perseguir percepciones ordinarias que pueden interferir con la meditación.

Por ejemplo, si uno mira mucha televisión, incluso si los programas no tienen sentido, o les gusta hablar con mucha gente, la mente se distrae.

Confusión: creer que meditar es innecesario. Decir que la meditación no trae ningún beneficio, La mente deambula mucho y no pueden controlarla.

Soluciones:
- Adoptar la postura corporal correcta
- Sentarse en un almohadón cálido y suave
- Masajearse con medicina y aceites
- Relajar el cuerpo y la mente

En todo lo que hagan, vayan despacio. Por ejemplo al caminar, al hablar o en las tareas cotidianas. Comer alimentos nutritivos más contundentes. La Meditación también resuelve la agitación con la práctica.

No. 34

Lo que sea que ves, es.
Mira directamente.
Si no ves,
¿Has mirado?
Has visto
la Mente Natural.

Autoliberación en la Vista de la Mente Natural

"Una serpiente anudada naturalmente se desenrosca cuando la serpiente comienza a moverse. Por sí misma." Asimismo, cuando reconocemos la Mente Natural, la ignorancia desaparece por sí misma. Esto es la Autoliberación.

Por ejemplo, cuando estamos enojados, comprendamos que la fuente de este enojo es la Mente Natural y no algo separado de ella. Cuando encontramos la fuente del enojo en la Mente Natural, entonces el enojo desaparece por sus propios medios. Es autoliberado.

Todo es la misma condición. Temas importantes como la ignorancia siendo la causa del sufrimiento, el nirvana y el samsara, así como asuntos pequeños como la confusión, las conceptualizaciones y el enojo, todo se disuelve en la Mente Natural. Deseamos estar libres del sufrimiento. Todo emerge y desaparece en la Mente Natural. Por lo tanto, la Mente Natural es la Sabiduría de la Autoliberación.

No. 35

La Sabiduría autogenerada
es la base.
Las cinco confusiones
son manifestaciones.

Sabiduría que se autoconoce

"La luz de la lámpara es clara a sí misma". Se dice que la lámpara es clara a sí misma porque no está oscurecida ante sí misma. Es posible que otras condiciones la oscurezcan, pero para sí misma, permanece siempre sin oscuraciones. ¿Por qué decimos que la Mente Natural se autoconoce? La Mente Natural tampoco está oculta a sí misma. Hemos oído que está más allá de la mente y del habla. Cuando la reconocemos, la vemos claramente, pero siempre se muestra ante sí misma. Por eso decimos, se autoconoce.

Entonces, ¿por qué es sabiduría? Si bien hay muchas conceptualizaciones y confusiones que oscurecen la Mente Natural, nuestra ignorancia es la principal oscuración que nos impide verla. Esta ignorancia es la fuente de nuestro sufrimiento, y reconocer a la Mente Natural es el antídoto a esa ignorancia. Es la verdad última. Esta es la mejor sabiduría.

No. 36

La verdad última es como el espacio,
más allá de los fenómenos
que se originan o cesan.
Está más allá de las oraciones,
inarticulable e
inexpresable con palabras.

Dejar de lado las palabras y abordar el significado

Por lo general prestamos atención al oír enseñanzas, leer libros o al estudiar, apoyándonos en las palabras y agrupándolas en oraciones. Al principio esto nos es muy útil, pero luego dejamos de lado las palabras y confiamos en su significado.

La verdad última no puede ser experienciada con la mente, porque la mente es convencional. Y todas las palabras, el habla y las oraciones siguen a la mente y su motivación. Oír oraciones es sólo el primer paso. Cuando llegamos al segundo paso, el sentido más allá de lo convencional, ya no dependemos de las palabras.

¿Por qué el Buda dio tantas enseñanzas? Porque la gente no entendía la verdad última. Cuando comprenden, ¿de qué sirven las palabras? Por ejemplo, cuando hemos cruzado un cuerpo de agua y hemos llegado a destino, ya no necesitamos el bote.

Buda enseñó muchos métodos para entender la verdad última, todos ellos explicando un único punto. Cada enseñanza apuntaba a guiar hacia la verdad última. Las palabras no son importantes, el sentido es importante. Este sentido es la Mente Natural.

No. 37

Las cinco conciencias
siguen a los cinco objetos;
no te aferres al ego.
Si te aferras al ego,
no lo hagas habitual.

Proseguir en el camino

Los pensamientos ordinarios continúan en el camino de meditación en la Mente Natural. Las enseñanzas dicen que en un día los humanos tenemos 84.000 pensamientos que emergen, incluyendo las confusiones y los conflictos mentales. La meditación en la Mente Natural es la forma de seguir en el camino. ¿Qué es esta vía? Cualquiera que sea la conceptualización que emerge, no hacemos ningún esfuerzo por abandonarla. Tampoco nos compenetramos en estas conceptualizaciones. Hay tres niveles para proseguir en el camino.

Para el nivel más elevado y mejor, cuando los conceptos vienen, el practicante reconoce que son sin lugar a dudas manifestaciones de la Mente Natural y que se disuelven en la Mente Natural como copos de nieve que caen sobre el mar.

Para el segundo nivel, cuando los pensamientos emergen, es como la luz del sol que disuelve la escarcha de las hojas en una mañana de otoño. Este practicante usa la meditación como un antídoto para las conceptualizaciones. Y depende de la meditación para resolver este problema.

Para el tercer nivel, el practicante usa la atención plena. Por ejemplo, una persona muy enojada acepta el consejo de alguien y entonces deviene más calmo. Reconocen los resultados indeseables de la ira tales como pelear, malas relaciones en el futuro y disgusto para todos. Practican la paciencia en lugar de enojarse, porque reconocen que esto brinda paz y buenas relaciones a futuro. Esto es la atención plena.

Estos tres niveles dependen de la realización de la Mente Natural que tenga la persona.

No. 38

Si se lo comprende todo,
cualquier conducta
es la conducta de un Iluminado.
Es ilimitada,
inconmensurable.

Utilizar los distintos tipos de Conducta

Hemos aprendido acerca de tres niveles de práctica: niveles de Realización Bajo, Medio y Altos. Una persona puede tener distintas experiencias dependiendo de su nivel de realización.

Hay tres formas de conducta para estos tres niveles:

Realización baja: Es como una vela cuya llama es fácilmente afectada por el viento. Practicantes principiantes que utilizan la conducta del cuerpo y la mente para intentar controlar los obstáculos y trabajan en pos de facilitar condiciones favorables para su práctica. Por ejemplo, practican las Seis Perfecciones.

Realización media: La conducta del cuerpo y habla, y las acciones cotidianas se convierten en un amigo para la práctica. Por ejemplo, nos abstenemos de ver a alguien como bueno o malo, limpio o sucio, amigos o enemigos, nos abstenemos de otorgarle valor a un objeto. Si hay un gran fuego, el viento ayuda para que el fuego crezca. Como un bebé, no nos detenemos a criticar los pensamientos. Nos liberamos al ser libres de suprimir o cultivar pensamientos.

Realización alta: La conducta se llama "Diversidad que es de un Gusto Único" o "Victoria sobre el Prejuicio". Si llegáramos a un lugar que es de oro, todo lo que hay allí estaría hecho de oro. El practicante entiende que todo es una manifestación de la Mente Natural, sin separación.

Cada estilo de conducta depende del nivel de realización de uno.

No. 39

La no distracción
y la no-meditación
son la meditación.
La Mente Natural
es la no-meditación.
Como un clavo que
se clava en la madera,
la meditación debe ser
sin distracciones.

No-meditación sin distracción

Hay dos cualidades importantes en la meditación espontánea: la no distracción y la no-meditación.

No-meditación: La meditación en la Mente Natural es espontánea. Es y debe ser sin esfuerzo porque cuando hacemos un esfuerzo estamos cambiando algo. Entonces no es meditar. La enseñanza dice "sé espontáneo en la meditación enfocada en un solo punto". Esto es la no-meditación. Dice "al ser sin esfuerzo, la meditación es no-meditación".

Sin distracción: ¿Qué es sin distracción? Por ejemplo, en el espejo pueden aparecer muchas formas y colores. Aparecen pero no alteran el espejo. De esta manera, al contemplar en una meditación espontánea, los fenómenos como pensamientos y conceptualizaciones aparecen pero no alteran la meditación.

Sin distracción significa permanecer continuamente en la Mente Natural. Cuando meditamos permanecemos en la condición originaria y no perdemos el equilibrio meditativo.

No. 40

Cuando los practicantes
tienen un entendimiento
profundo de lo que está
más allá de la parcialidad,
desarrollan confianza
en la vista Dzogchen.

Imparcialidad: La Vista en el Dzogchen

La Gran Perfección es la vista libre de limitaciones. Es libre, ilimitada y sin parcialidades.

Cuando logramos una realización más elevada, la meditación no está separada de la experiencia; también es la vista Dzogchen. Entendemos que los fenómenos emergen y no nos hacen felices o infelices. Cuando algo bueno comienza normalmente nos alegramos, y nos desanimamos cuando algo malo ocurre. Con una realización mayor, no nos afectamos de la misma manera.

Con una realización mayor, la conducta del cuerpo, habla y mente se mantienen en un estado espontáneo. La vista, la meditación y la conducta son del mismo valor. Todo deviene de un único gusto.

Muchos maestros Dzogchen estudiaron Sutra, Tantra y diversas prácticas. Pueden traer todas las prácticas hacia la práctica Dzogchen como de un gusto único. Confían en la vista Dzogchen y de esta manera pueden practicar diferentes linajes sin que ninguno perjudique a otro. Sólo se benefician.

La base de Dzogchen es inclusiva, sin parcialidades. Muchos maestros Rimé practican de una manera no sectaria y hacen prácticas de muchos linajes y escuelas. Ris en tibetano significa de que ha tomado partido, y med significa no. Las dos cosas hacen Rimé.

No. 41

Los tres fenómenos
son vaciados
en la atención intrínseca.
Todo el Samsara
y Nirvana son
agotados en el
Estado Primordial.

Saber una cosa lo Libera Todo

¿Cómo aclaramos las confusiones en la tradición Dzogchen? Hay dos tipos de fenómenos, densos y sutiles, y ambos se manifiestan desde la base de la Mente Natural. En el nivel más sutil, los sonidos, colores y luces aparecen. Para el practicante más elevado, estas apariencias sutiles se reconocen como manifestaciones de la Mente Natural. Por ejemplo, puede que el practicante reconozca los tres fenómenos como si aparecieran en el bardo o en el estado intermedio en el momento del renacimiento. Ocurren a un nivel muy sutil. La base de la Mente Natural y sus manifestaciones están conectadas de una manera especial. Las tres apariencias de sonidos, colores y luces son manifestaciones de la Mente Natural. Quien conozca esta condición tendrá facilidad para liberarse.

En otro ejemplo, cuando fenómenos más densos como la ignorancia, el enojo y emociones fuertes emergen, debemos reconocer que tienen la misma conexión con la base de la Mente Natural.

Deberíamos reconocerlos a ambas, las apariencias sutiles y las densas como manifestaciones de la base de la Mente Natural. A esto llamamos "Saber una cosa lo Libera Todo".

No. 42

No hay fundamento
en ningún objeto.
Lo que sea que pienses
así se te aparece.
Es como las seis maneras
en las que el agua se aparece
a los seres de los seis reinos.

Instrucción Quíntuple

Hay Cinco Pasos de instrucciones que señalan el camino a un reconocimiento progresivamente más profundo de la Mente Natural.

1. No hay otra fuente que nuestra mente para los fenómenos de los seis sentidos. Reconocer que los fenómenos son sólo la mente.

2. Lo que sea que aparezca está conectado y no tiene entidad en sí mismo. Reconoce que la mente es vacuidad.

3. La experiencia de meditación aparece en la naturaleza de la mente, que es luminosa en sí misma. Reconoce que el vacío es luminosidad.

4. Todos los fenómenos que aparezcan son positivos y beneficiosos, como un amigo. Reconoce que la luminosidad se encuentra en unión con la vacuidad.

5. Cualquier experiencia que aparezca, corta la distracción. Como una lanza en el espacio que hace desaparecer las oscuraciones. Finalmente, todo es claro como una esfera de cristal. Todas las apariencias externas e internas son claras. Reconoce que la unión es el gran gozo.

No. 43

La Naturaleza de la Mente
es primordialmente pura
y no generada
porque no hay ni un sujeto
ni un objeto
al que aferrarse

El Compromiso en el Dzogchen

Se han dado muchas enseñanzas acerca del Compromiso, o Samaya. Estos compromisos están en todos los vehículos del Budismo (por ejemplo, respeto por los textos del dharma, enseñanzas sagradas y linajes). Los cuatro compromisos que se enseñan son exclusivos al Dzogchen: no existencia, ubicuidad penetrante, unicidad y presencia espontánea.

1. No existencia: La Naturaleza de la Mente es primordialmente pura. Cuando permanecemos en el Estado Natural, no hay quien se aferre a la existencia, ni objeto al que aferrarse. No hay ni detenerse ni crear. No hay "yo" (ni como sujeto ni como objeto).

2. Ubicuidad penetrante: El Estado Natural se encuentra libre de la observancia de votos. No hay ni comienzo ni fin. No existe la base para la fijación del tiempo.

3. Unicidad: Todos los fenómenos son unificados en la Unidad. El Estado Natural no tiene ni "yo" o "mí", sólo unicidad. en la unicidad, los tres tiempos no pueden ser explicados.

4. Presencia Espontánea: El Estado Natural no necesita ser perseguido. Es espontáneamente presente, con una cualidad iluminada primordialmente espontánea.

No. 44

La confusión se disuelve
en el estado natural
como las nubes en el cielo,
revelando la pureza
y luminosidad.
Al sacarse las ropas
del pensamiento conceptual,
la atención desnuda
es revelada.
.

La mente que discierne y la Atención

Todas las conciencias y los factores mentales son la verdad convencional. Esto incluye lo que emerge en la mente, los detalles específicos de la experiencia. En algunas escuelas budistas, hay referencias a las conciencias. En la psicología tibetana, hay muchos factores mentales. Todos estos son la mente, incluyendo los pensamientos, conceptualizaciones, y confusiones, así como los objetos positivos como la compasión y el amor. La base y el camino del Sutra y Tantra son parte de esta mente convencional, así como el mantra, yoga y la visualización de deidades.

En el Dzogchen, todo esto es la mente que se aferra a objetos y pensamientos positivos y negativos. Por lo tanto, no están perfeccionados, en el sentido de que en tanto que son mente, los pensamientos convencionales son impuros con ignorancia y error.

La atención no tiene objeto ni se aferra a una naturaleza inerte, no implica esfuerzo, y está más allá de la mente conceptual. Es el estado de autoconocimiento de la mente del despertar. Discernimos la diferencia entre la atención y la mente conceptual a través de la meditación. Cuando meditamos, nuestra mente se calma en el estado natural. El agua con tierra, cuando se la deja se asienta y deviene clara. De manera similar, al meditar los pensamientos se disipan. Al permanecer en la atención, los pensamientos desaparecen. Lo que es importante no es si la meditación es buena o mala, sino qué es la verdad convencional y qué es la atención.

No. 45

La sabiduría autogenerada
es libremente
ubicua y penetrante.
La ignorancia
es completamente
autoconquistada

Sabiduría autogenerada

La mente natural es sabiduría autogenerada, con muchas cualidades especiales, una de las cuales es ser autogenerada. Lo que significa no nacida y sin obstrucciones. Es no nacida porque no tiene causas primarias o secundarias. La causa primaria es la causa principal, que es transformada en el efecto, como una semilla se transforma en el fruto. La causa secundaria es temporaria, un apoyo para su florecimiento; como el agua, el sol y la tierra que dan el apoyo para el crecimiento de una semilla. Todas las realidades convencionales vienen de estas dos causas.

La naturaleza de la mente es de manera primordial la budeidad. No puede ser liberada u obstaculizada por nada, ni antídoto ni objeto.

La esencia del estado natural, de manera primordial se autoconoce y no depende de nada. Por lo tanto, se la llama sabiduría autogenerada o, en tibetano, Rangbyung Yeshi. Se la imagina así: el Sol brilla y la oscuridad se va automáticamente.

Nunca hay ignorancia en la base de la mente natural. Quien conozca esta condición ha reconocido la sabiduría autogenerada.

No. 46

Un pájaro sin alas
no tiene método para volar.
Junta coraje, energízate,
practica, y mira hacia
el estado natural.

La apariencia de la Sabiduría Interior

Algunas condiciones son importantes y necesarias para la meditación y la práctica: comida y bebida adecuadas, y el lugar y tiempo adecuados. Estos siempre son importantes para los practicantes principiantes.

Para una persona que sea afortunada, la sabiduría aparece directamente cuando el maestro los introduce por primera vez. La mayoría de la gente necesita ir paso a paso. Estos son ejemplos de los tres niveles de práctica.

Primer nivel: Hay muchas nubes en el cielo. no siempre podemos ver el sol, sino sólo ocasionalmente. De igual manera, hay muchos obstáculos para ver la sabiduría. Los practicantes principiantes puede que necesiten desarrollar la estabilidad en la práctica, y no desalentarse cuando las nubes o las dudas aparecen en sus mentes.

Segundo nivel: La luz llena completamente el cielo, brillando en todas las direcciones. Con experiencia, las dudas de los practicantes son aclaradas. Obtienen confianza en la vista de la sabiduría y la meditación.

Tercer nivel: en una tierra dorada, todo lo que aparece es oro. Para los practicantes, lo que aparece es siempre sabiduría. Lo que hacen en el cuerpo, habla y mente no puede estar separado de la sabiduría. Las enseñanzas dicen que hay muchas manifestaciones de la sabiduría: 84 mil sabidurías, 61 sabidurías, y 5 sabidurías. El que medita ve todas estas sabidurías.

No. 47

Las olas desaparecen
en el océano,
los planetas desaparecen
en el espacio,
y los fenómenos desaparecen
en la naturaleza de la mente.

Cortando a través o Trek Chöd

En tibetano, "Trek Chöd" quiere decir "cortar a través" de la duda y el error hacia la budeidad primordial. Algunas enseñanzas dicen que Trek Chöd es la práctica de una persona perezosa para rápidamente realizar la iluminación sin esfuerzo.

La budeidad primordial tiene cuatro modos de liberación. Un practicante se reconoce a sí mismo completamente, permanece absolutamente sin dudas, continúa directamente con confianza en la liberación, y continuamente practica el estado natural primordial como está descrito. Por esta razón se lo llama "práctica de cortar a través".

En la práctica de Trek Chöd, no hay ni base ni camino como se lo describe en otros vehículos. No se necesitan muchos antídotos para múltiples negatividades, hay sólo un antídoto para el samsara. No hay ni cesación ni generación de pensamientos en el estado natural. Los fenómenos y todos los pensamientos negativos son directamente liberados en el estado natural innato de su originación. no hay negatividad, ni samsara, ni sufrimiento.

Todo lo que aparezca, todos los fenómenos, son un amigo para tu práctica. Por ejemplo, cuando entran ladrones en una casa y buscan para llevarse algo, se van con las manos vacías porque la casa está vacía. Con esta práctica, paso a paso, la raíz del aferrarse a pensamientos se reduce, liberando las oscuraciones karmáticas en la atención intrínseca. Por este motivo, se lo llama cortar a través.

No. 48

No ocurre que los fenómenos
sencillamente cesen o finalicen.
Sino que se remontan hasta el origen
y allí son finalmente liberados.

"Thod Gel", Cruzar

Thod Gel sigue solo luego de que la práctica de "Trek Chöd" haya sido estabilizada. Entonces el practicante puede hacer bastante esfuerzo por visualizar luminosidades. Por ejemplo, la luz de una vela en un vaso sale y se acerca. Nuestra atención se localiza en nuestro corazón, los canales forman un camino, y nuestros ojos son como una puerta. En la práctica de "Thod Gel" la sabiduría aparenta entrar por los ojos.

Hay cuatro puntos clave en la práctica de Thod Gel. El primer punto clave es como un guardián en la puerta. Y es puntualmente ver mediante la observación personal. El segundo punto queda ilustrado en el ejemplo de una casa para invitados en la que el objeto es estable y permanente. Los objetos del cielo, sol, luna y luz de una lámpara permanecen mientras los vemos por los ojos. El tercer punto define el viento y la respiración, que deben ser cuidadosos y suaves como ladrones que entran en una casa. La exhalación e inhalación son muy suaves y a través de los dientes. El cuarto punto de la atención es como la luz brillante del sol, que hace que las luminosidades aparezcan. En esta instancia, la mente descansa en el dharmakaya incondicional, sin objeto y sin aferrarse. Con esta práctica, pueden aparecer luminosidades, sin importar las condiciones de luz u oscuridad.

Los practicantes reciben muchos indicios de experiencia en esta práctica, como ver el espacio como un domo de luz, o la sabiduría que aparece en forma de esferas. Además, un indicador de sabiduría es ver el cuerpo búdico como esferas y luz ininterrumpidas. Las enseñanzas dicen que para los practicantes que hacen grandes esfuerzos en pos de la liberación con esta práctica, esta no depende del karma generado, la obtuso o claro que uno sea. La práctica de "Thod Gel" tiene cuatro pasos para la aparición de luminosidades. Finalmente, todas las luminosidades son vaciadas y se disuelven en la base de los fenómenos externos primordialmente puros. También se disuelven los fenómenos externos, el cuerpo interior, y los momentos intermedios de vientos y pensamientos, resultando en el logro de la realización del gran cuerpo arcoíris.

No. 49

El pensamiento dual
es sujeto y objeto.
El nihilismo es la ausencia
de la apariencia
de fenómenos.
El Camino del Medio
está libre de extremos.
La realización correcta
está más allá
de los cuatro extremos.

La vista No-Dual de aferrarse y del sujeto que se aferra

¿Qué es aferrarse y quién se aferra? Son objeto y sujeto. Cuando un objeto aparece en la mente de un ser sintiente, surge el apego y se genera un flujo de pensamientos. Por ejemplo, cuando un insecto se queda pegado a una telaraña, cuanto más se mueve más pegado se queda. Toda ignorancia e idea de "Tú" y "Yo" viene del aferrarse y de una persona que se aferra. Aferrarse al ego es parte de eso. La causa del samsara en sentido último emerge de esta manera.

El karma viene de la confusión, y el error viene de una vista que se aferra al ego. Por ejemplo, en una noche oscura cuando vemos algo alargado y fino que puede en realidad ser una soga de colores, quizás pensemos que se parece a una serpiente. La vemos y pensamos que es una serpiente real, y nos asustamos. El miedo es creado por aferrarse a una percepción equivocada. Sin embargo, cuando el objeto se le aparece al practicante, este es inmediatamente integrado en el Estado Natural. Se disuelve con la Verdad Absoluta. No hay sustrato para el apego. El practicante entonces observa sin una visión que tienda a aferrarse. Por ejemplo, cuando meditamos en el Estado Natural no hay objeto y sujeto.

¿Por qué la visión que apunta a aferrarse es una percepción errada? Lo que sea que aparezca primero, ¿Dónde se originó? ¿Adónde reside? ¿En dónde desaparecerá? Todo está interpenetrado por la atención intrínseca. Es no dual dentro del estado natural. De acuerdo con los practicantes superiores, no hay rechazo ni negatividad. Si ves un lugar dorado, no encontrarás tierra y piedra allí. Cuando meditamos debemos continuar nuestra sesión sin aferrarnos. No hay diferencia entre el observador y aquello que se observa. Esto es no-dualidad. Esto es lo que llamamos "sabiduría que se autoconoce". Cuando experienciamos esto, superamos la distracción y la confusión. Automáticamente nos liberamos o alcanzamos la Iluminación.

No. 50

Al dársele un nombre,
la persona deviene
apegado a él.
Si esto se convierte
en apego,
uno queda atado.
Si uno está atado,
es una perdición
de la propia práctica.
Si uno se pierde
de la propia práctica,
uno deambula
en la existencia cíclica.

No-acción y sin rastro

En la perspectiva Dzogchen, tenemos la vista, meditación y conducta. A estas tres cosas llamamos no-acción (sin esfuerzo), y sin rastro. Esto deberá ser sin esfuerzo en ninguna acción, más allá del aferrarse a pensamientos, y más allá de las palabras y el discurso. La Mente Natural no tiene causa. No puede ser contada. Desde esta perspectiva, no hay necesidad para el miedo y la esperanza. La Mente Natural nunca es creada por los Budas o deidades y no puede ser cambiada por una persona inteligente. Por eso llamamos a todo esto no-acción.

¿Qué es "sin rastro"? Un ejemplo puede ser cuando un pájaro vuela en el cielo. No deja rastro. El sentido de la meditación y vista en el Dzogchen es que no hay comienzo ni origen. No hay ningún lugar en el que se resida en el momento presente. Además, en el futuro, no hay ningún lugar al que uno vaya. La vista es sin mirar. La meditación es sin meditar. La conducta es sin actividades. Las conceptualizaciones, confusiones y negatividades en realidad no tienen ninguna base. En nuestra práctica, cuando estas emergen, podemos observarlas. Se liberarán en el Estado Natural. Esto es "sin rastro". En resumen, llamamos a esta práctica "no-acción y sin rastro".

No. 51

Cuando la Mente
se enfoca
en el objeto,
los pensamientos discursivos
se calman
más y más,
y la sabiduría emerge
más y más.

Contemplación serena y meditación de entendimiento de lo observado en el Dzogchen

En el Dzogchen hay tres métodos meditativos:

- Shamatha o contemplación serena
- Vipashyana, o el entendimiento de lo observado, y la
- unión de Shamatha y Vipashyana

Podemos explicar que hay dos tipos de métodos de Shamatha, general y específico. El método general para practicantes muy principiantes es mirar un objeto, como una pequeña estatua o la sílaba tibetana Ah con concentración. Luego, a medida que uno progresa, la mente deviene más serena y cómoda y puede mantenerse enfocada en el objeto por períodos de tiempo más largos. En total, hay nueve pasos para la práctica de Shamatha general.

En el Dzogchen, aún si no se ha alcanzado el nivel máximo de experiencia para shamatha general, es necesario practicar fijar y calmar la mente. De manera específica para Shamatha en el Dzogchen, el aspecto del foco es la cualidad vacua de la sabiduría originada. Cuando se logra la sabiduría originada, todos los fenómenos surgen en el origen, son primordiales, se mantienen, y desaparecen en el océano primordial. Por esto se lo llama contemplación serena.

En el Dzogchen, Vipashyana tiene la cualidad luminosa de la sabiduría interna. El autoconocimiento devela la cualidad luminosa de la sabiduría que se autoconoce. Las visiones y sonidos pueden ser claras y desnudas a medida que aparecen luminosidades a través de una variedad de experiencias. ¿Cuáles son los signos de la luminosidad interna? Un ejemplo del surgimiento de la luminosidad es cuando alguien en un retiro oscuro obtiene la habilidad de leer, escribir y ver formas sin luz normal. Podemos reconocer la luminosidad interna a través del método de meditar en la Mente Natural. Shamatha y Vipashyana se unifican en el estado natural. ¿Cómo se obtienen este tipo de realización y experiencia? Si tenemos Shamatha, la cualidad vacua de manera intrínseca tiene cualidades de luminosidad que emergen espontáneamente en tu experiencia y realización. Cuando meditamos en la Mente Natural, Shamatha y Vipashyana están incluidas en la práctica, en unión.

No. 52

En Dzogchen,
los estudiantes que son
dignos recipientes
persiguen la conducta extrema
sin distinguir
esta conducta
como mejor o peor.

Tres actividades en el Camino de Dzogchen

Las actividades del cuerpo, habla y mente pueden ayudarnos a avanzar en el camino de Dzogchen.

Como principiantes, luchamos por obtener un estado estable, sin distracciones y no-meditativo. A medida que progresamos, incluimos o mezclamos actividades de a poco, desarrollando experiencia, contrastando el éxito al medir nuestro estado natural imperturbado. Eventualmente, todas las actividades devienen un amigo en la práctica.

En una práctica del cuerpo de principiante, comenzamos con una postura de sentado básica. A medida que progresamos, podemos incluir movimientos del ojo, brazo o pierna. Luego verificamos nuestro estado meditativo. Si podemos sostener nuestra estabilidad, entonces procedemos a pararnos, caminar, circunvalar, hacer postraciones, etc. Eventualmente, podemos incluir actividades aún más vigorosas como saltar y correr; es decir, podemos incluir cualquier actividad física. Mantener un estado meditativo durante estos movimientos genera el éxito para avanzar en el camino de Dzogchen usando el cuerpo.

En la práctica básica del habla, estamos en silencio. Con más experiencia, podemos incluir rezos y mantra. Verificando cada paso en el camino, podemos proceder a mantener un estado meditativo imperturbado mientras hablamos con gente, cantamos o reímos. Inclusive podemos debatir. Mantener un estado meditativo es una forma de medir el éxito en el camino del Dzogchen a través del habla.

En la práctica meditativa básica con la meditación, aquietamos la mente y descansamos en el estado natural. Por ejemplo, con más experiencia, podemos abordar actividades positivas como visualizarse como una deidad o Buda. Si estamos sin molestias en la mente, podemos aumentar la visualización para incluir más aspectos incluyendo todas las cualidades iluminadas, el mandala, et cetera. Con éxito, otras actividades pueden incluir analizar los fenómenos que emergen, los pensamientos y las emociones. Estas actividades sirven para medir el éxito en el camino del Dzogchen a través de la mente.

Las actividades del cuerpo, habla y mente se usan para traer el éxito y muchos beneficios a través de estar libres de apegos, sufrimiento, miedo, esperanza, obstáculos, dificultades, y la muerte.

No. 53

Presta atención
a cómo la mente
se aferra a los pensamientos discursivos.
Si permaneces en el gran gozo,
volverá y se apaciguará
por sí misma.

Remedios para las conceptualizaciones que emergen en la meditación

Cuando meditamos, muchos pensamientos emergen como distracciones. ¿Qué podemos hacer para superar esto? Podemos incorporar estos tres métodos en nuestra práctica.

Ejemplo 1: Un ladrón ve una casa en la que no hay nadie y entra para llevarse algo. No encuentra nada dentro. La próxima vez que vea esa casa, ya sabrá que está vacía.

El significado: Primero buscamos la fuente de los pensamientos, que es el vacío. Luego de alcanzar la realización (la liberación en el estado original), si surgen pensamientos, uno inmediatamente reconoce la condición natural.

Ejemplo 2: Una persona en un barco tiene un pájaro. El pájaro vuela y se aleja del barco. Regresa luego sin que la persona lo espere.

El significado: Cuando meditamos, los pensamientos viajan y circulan, pero no necesariamente esperamos a que regresen. Los pensamientos retornarán y cuando vuelvan, reconoceremos su condición. No hay separación en el estado natural.

Ejemplo 3: Las nubes se mueven en el espacio del cielo. No hay otra fuente sin el espacio.

El significado: La verdad es que los pensamientos emergen, permanecen y desaparecen en el estado natural. Esto es lo que llamamos práctica de autolimpieza o autopurificación.

No. 54

En una ciénaga estival
las plantas crecen
libradas a su antojo.
En la realización del sabio,
las apariencias
de las experiencias excepcionales
aparecen libradas a su antojo.

Las experiencias excepcionales y la Realización

Las experiencias excepcionales son algo incierto con una gran variedad de sensaciones y pensamientos. Las tres principales categorías de experiencias excepcionales se llaman experiencias de gozo, de claridad y de no-pensamiento. Estas experiencias emergen en todas las meditaciones, shamatha, vipassana, mahamudra, y por supuesto en el Dzogchen. Estas experiencias de meditación pueden ocurrir en diversas tradiciones religiosas.

1) Durante la meditación, pueden emerger experiencias de gozo tanto en el cuerpo como en la mente. La sensación es muy

orgánica, alegre, gozosa, y de gran felicidad. Cuando la mente se relaja, completamente a gusto, y uno siente la práctica sin obstrucciones, aparece la realización de la unión de la claridad y el vacío.

2) Las experiencias de claridad despliegan una sensación de lucidez, incluyendo apariencias como de luz de luna, de la aurora, o estar sentado en una tienda muy brillante. A veces el cuerpo se siente muy ligero, como plumas. Se puede sentir alegría y felicidad. Con claridad, uno puede continuamente mantener una meditación muy estable sin conceptualizaciones.

3) Las experiencias de no-pensamiento pueden ocurrir durante la meditación cuando no perdemos la estabilidad en el estado natural. Los conceptos no emergen y uno no sigue el pensamiento. Sentimos una experiencia de realización de la mente natural. Esto está más allá de las palabras, como un sueño mudo. No hay ilustración de ningún objeto.

Las enseñanzas dicen que si uno obtiene alguna de estas experiencias, uno no debe darse por satisfecho con la práctica y por el contrario debe continuar progresando. La realización significa que la conciencia intrínseca de la Budeidad Primordial es realizada a cada paso en la práctica. Hay muchos niveles en el desarrollo de la realización.

Sin embargo, en el Dzogchen, las experiencias excepcionales se encuentran siempre claramente diferenciadas de la realización.

No. 55

La luminosidad
es una esencia
y la vacuidad
es la naturaleza
del Dharmakaya.
Cuando se las realiza,
todas las actividades de los Budas
para los seres sintientes
automáticamente emergen.

Esencia, Naturaleza y Compasión

En las enseñanzas Dzogchen, el estado natural tiene tres cualidades importantes: esencia (Ngobo), naturaleza (Rang zhin) y compasión (Thug Je). La razón y motivación para desarrollar esta práctica es alcanzar la budeidad y comprometerse en actividades para el beneficio de todos los seres sintientes.

En la vista Dzogchen, hay una base fundamental, que es la gran pureza primordial básica. Aparece luego de que hemos reconocido la naturaleza de la mente. Sentimos algo así como si miráramos el océano. Hay muchas olas que vienen y van todo el tiempo, pero no están separadas del océano, y el océano es la base fundamental para ellas. Esta es la cualidad vacua de la mente natural. Lo llamamos la esencia del estado natural.

La segunda cualidad es lo que llamamos luminosidad o claridad de la naturaleza. Es como una vela que se pone en un recipiente. Permanece vívidamente clara en el momento y es la fuente de la luz alrededor. Esta es la gran luminosidad. Es la fuente y la manifestación del poder de los tres grandes fenómenos; sonido, color y luz. Siempre hay cuerpos de iluminación y sabidurías espontáneamente incluidas en la cualidad de luminosidad. Por ejemplo, durante los estados intermedios luego de la muerte, experienciamos la aparición de cinco luces diferentes y cinco reinos diferentes.

La compasión es la tercera cualidad del estado natural. Es la unión de la vacuidad y la claridad y no tiene obstáculos asociados a ninguna apariencia en el estado natural. Desde la unidad del vacío de la esencia y la luminosidad natural, uno realiza actividades para el beneficio de todos los seres sintientes. En la cualidad de gran unión de la compasión, uno se compromete en actividades a través de emanarse para todos los seres sintientes.

Cuando un practicante obtiene una realización elevada, cuando las cinco luces emergen en el estado intermedio, uno es capaz de mantener la condición natural. En ese momento, los practicantes pueden percatarse de la ilusión del cuerpo, habla, mente, objetos, o lo que sea que emerja. Pueden aparecer cinco luces diferentes, cinco tierras puras, o cinco deidades diferentes y sus mandalas. Cuando comprendemos el estado natural, pueden haber múltiples actividades para el beneficio de todos los seres sintientes a través de la cualidad de la compasión.

No. 56

Los fenómenos
no se detienen
o cesan.
Se remontan
hasta su origen
y finalmente vuelven
hacia la fuente
y son liberados.

Las dos verdades inseparables en el Dzogchen

Buda enseñó 84000 métodos incluyendo 360 categorías de enseñanzas para entender la naturaleza de la mente. Lo fundamental para estas enseñanzas son las dos verdades, la absoluta y la relativa. La causa de la ignorancia y confusión de la mayor parte de los seres sintientes está unida al error de interpretación en sus mentes, y resulta difícil entender la inseparabilidad de estas dos verdades. Está oculta en la realización.

La gente común cree en lo que sea que veo o piensa y edifican en función de esa visión con pensamientos adicionales y apego. De acuerdo a la visión ordinaria, se les ocurre verdadero. Pero en realidad no es así, y es como una ilusión. Si un mago despliega ilusiones a una audiencia, como elefantes y caballos, algunos miembros de la audiencia pueden pensar que lo que ven es real. De la misma forma, para la gente común, las apariencias existen como objetos, buenos, malos, amistosos, adversos, lindos, feos, positivos, negativos, etc. ¿Por qué se la llama verdad relativa? Porque las apariencias ordinarias en realidad son falsas.

La otra verdad es la que llamamos verdad absoluta. Cuando se despliega una ilusión, el mago ya sabe que la ilusión no es real. De igual modo, uno realiza que todas las apariencias fenoménicas están imbuidas de la verdad absoluta. Para quienes obtienen la experiencia más elevada de la vista Dzogchen, ven que los fenómenos son manifestados por la naturaleza de la mente. Se dan cuenta de que no hay cualidades inherentemente positivas o negativas en los objetos. Y que todos los fenómenos se encuentran signados en una única esfera de verdad absoluta. Nadie puede estar separado se la verdad absoluta.

Las enseñanzas dicen que estas visiones son las dos verdades inseparables. Uno puede despejar los extremos de eternalismo y nihilismo con este punto de vista. De manera particular en el Dzogchen, hay sólo una verdad, que es la vista de una única esfera.

No. 57

Algunos afortunados
que poseen
profunda certeza,
rompen los tres sellos
y entonces completan
las tres energías dinámicas.

Manifestar la apariencia de la Base

La base fundamental nunca es impura. Es imperturbable por los fenómenos. Por ejemplo, las nubes emergen y se disuelven en el cielo sin afectarlo. Hay dos tipos de apariencia de la base, pura e impura.

Para el practicante experimentado, desde el principio, aparecen la sabiduría coemergente simultáneamente con los tres fenómenos sutiles. Aquellos que ya tienen realización, que experiencian las apariencias de objetos, formas, sonidos y colores como no del todo existentes y como ilusiones; que permanecen continuamente en el estado primordialmente iluminado, pueden emanar muchos cuerpos, hablas y mentes búdicos para el beneficio de los seres sintientes.

Para la gente ordinaria, cuando el principio de las apariencias de los tres fenómenos sutiles emergen simultáneamente, la mente sutil analiza las formas, sonidos y colores sutiles fenoménicos. Esto se llama ignorancia coemergente. ¿Por qué ignorancia? Un ejemplo es cuando miramos en el espejo y refleja nuestro rostro. Lo que se percibe no es un rostro real. De igual manera, la ignorancia confunde y nos lleva a identificar el objeto como opuesto a la condición verdadera.

Inmediatamente la mente conceptual emerge y se aferra al objeto, y esto se llama ignorancia conceptual. Viene de la ignorancia coemergente y robustece el aferrarse o apegarse a creencias extremistas y estados de percepción equivocados.

Aquellos que no han comprendido y que están sin realización acerca de la condición verdadera de la apariencia de la base siempre tienen dificultades, inclusive en el momento crucial del estado intermedio. En ese momento, aparecerá la Budeidad primordial, pero no se la reconocerá.

Sin experiencia, el resultado es circular por los tres reinos y seis clases de seres y habrá mucho sufrimiento en vidas futuras. Así que la realización depende de la experiencia con cómo emerge y se aspecta desde la base la verdadera condición.

No. 58

Las fallas de los otros vehículos
se pacifican sin rechazar.
Las buenas cualidades
de los otros vehículos
sin esfuerzo y espontáneamente
están implicadas en el Dzogchen.

La naturaleza última es revelada sólo a través del Dzogchen

En la tradición tibetana, las enseñanzas por lo general se dan de acuerdo a dos diferentes sistemas: de nueve vehículos o de tres vehículos. En cualquiera de los dos sistemas, el Dzogchen es el vehículo de la compleción.

En un ejemplo, alguna gente ciega rodea y palpa un elefante para poder describirlo. Una persona lo describe como alto, otra persona toca su cola y dice que es como una serpiente, otra toca sus orejas y dice que parecen hojas, otra persona toca sus colmillos y dice que parece un cuerno. Cada una describe una parte del cuerpo del elefante, pero ninguna halla la vista correcta o completa del elefante.

En cualquier sistema de los vehículos, los vehículos inferiores son así, comprendiendo sólo una parte de la verdadera condición. Pero en el último vehículo o el final, que es Dzogchen, la vista completa es revelada, abarcando todas las cualidades de los vehículos inferiores.

No. 59

El sonido se manifiesta
como sonido autogenerado,
la luz es como la luz del sol
o un arcoíris,
y los rayos son como una red
de rayos solares.
Estas son las cualidades
del estado natural primordial.

Método por fuerza para reconocer la luminosidad

Tu estado natural tiene dos cualidades: el vacío y la luminosidad. No hay necesidad de explicar más que estas cualidades. El vacío es el espacio fundamental. La luminosidad tiene tres cualidades aparentes: color, sonido y rayos. La fuente existe sólo dentro, no hay nada que exista desde afuera.

La cualidad importante que debemos reconocer y en la que debemos creer es en la luminosidad de la sabiduría interior. Para eso, hay un método por fuerza muy importante para el reconocimiento de la luminosidad desde adentro.

Siéntate cómodamente en un almohadón o asiento e inhala. Tapa tus oídos con tus pulgares, tus narinas con tus meñiques y tus ojos con los otros dedos. Sostén tu respiración un momento y relájate en el estado natural. Puede que las tres luminosidades aparezcan simultáneamente. Cuando percibas estas luminosidades, recuerda que son sólo manifestaciones del espacio fundamental. Es como el sol y su luz, o el océano y las olas. La enseñanza dice que cuando se gana experiencia en esta práctica, esto se desarrolla. Así, podrás reconocer la cualidad de la luminosidad incluso en el estado intermedio luego de la muerte.

No. 60

Esta es la esencia
de la enseñanza absoluta:
cuando alguien
tiene miedo de algo,
puede que hayan estado confundidos
en la pequeña mente
del vehículo inferior.

La corrupción de la duda

Hay muchos obstáculos para la realización completa de la propia práctica. Un problema serio es la duda. Es un pozo que puede ser un obstáculo grande para el reconocimiento de la Mente Natural en el camino Dzogchen. ¿Cómo daña nuestra práctica? Por lo general, vemos que la duda emerge en casos como estos:

1. Creemos que somos seres sintientes ordinarios, que no tenemos la cualidad de la iluminación, y que siempre tendremos una vida difícil.

2. Durante la meditación, cuando permanecemos en el estado natural sin enfocarnos en un objeto o visualización específicos, puede que no nos sintamos satisfechos.

3. Creemos que podemos abordar actividades positivas usando nuestra mente ordinaria, aun cuando las enseñanzas dicen que la verdad absoluta es inconcebible de esa manera.

4. Negamos que no hay separación entre causa y efecto. La liberación no puede ocurrir de una deidad o un buda, sino sólo a través de nuestra cualidad primordialmente pura.

5. Fallamos en practicar la realización directa de atención en la pureza primordial, de manera que todos los métodos se integren en una única práctica.

La enseñanza dice que los pensamientos de uno están demasiado habituados a la percepción de sí, previniéndonos el reconocimiento de la Mente Natural. De esta manera la enseñanza nos introduce en las cualidades de la Mente Natural. Pero la duda puede ser un obstáculo poderoso para lograrla.

No. 61

Ves las
apariencias
como a tu propio rostro.
Es como ver tu rostro
reflejado
en un espejo.

El mundo fenoménico es un maestro excelente

Con lo que sea que veamos o pensemos formamos un apego fuerte. Luego esos objetos inmediatamente cambian y desaparecen porque no tienen una base independiente. Todos los objetos dependen de otros objetos. Parece como si fueran independientes cuando no verificamos su origen. Cuando verdaderamente investigamos el origen de los fenómenos, no es estable.

Por ejemplo, Unos practicantes viven bajo un árbol. Las hojas crecen, caen y cambian con las estaciones. Unos practicantes viven en una casa sin techo. Pueden ver las estrellas moviéndose en círculos en el cielo nocturno. Unos practicantes viven cerca de un cementerio. Pueden ver los cuerpos; nuevos, viejos, podridos, secos, o divididos en partes. Estos son ejemplos de encontrar a la mente natural en el cambio de los fenómenos.

Miremos un auto. Tiene muchas partes. Si las separamos no podemos encontrar el auto. Es lo mismo con los seres humanos. Aparecemos como "Yos" independientes pero cuando investigamos en nosotros mismos, cuando observamos nuestra verdadera condición, nunca encontramos el "yo".

Los fenómenos siempre nos muestran la verdadera condición de un objeto, pero la mente ordinaria elige no reconocerla. Los practicantes, sin embargo, tienen una mejor chance de realizar la verdadera naturaleza. Una forma para descubrir de dónde salen las apariencias es encontrar dónde se disuelven. Si nos damos cuenta del significado de esto, los fenómenos nos han enseñado la verdad absoluta. Así que cuando tenemos experiencias superiores, todas las apariencias devienen un amigo para nuestra práctica. Para un practicante realizado, el mundo fenoménico ya se ha convertido en un maestro excelente.

Agradecimientos

Gracias a todos los que han revisado, editado y contribuido con sus esfuerzos en la producción de este libro. En particular, me gustaría expresar gratitud de corazón a todos mis estudiantes del Dharma, especialmente a los intérpretes Enrique Nieto, Andrés Gosis, y Jean Paul Moulin.

También me gustaría expresar mi gratitud a Elizabeth Hannah, Antoinette Bauer-Smedberg, Lara Summerville, Nancy Kvam, Kate Hitt, Michael Roth, Mark Sorensen y Donald Davies y los miembros de la Sangha y el Consejo de Kunsang Gar por su continuo apoyo y participación en muchas grandes actividades del Dharma, de las que ha surgido este libro.

Acerca del Autorr

Geshe Dangsong Namgyal es un maestro, autor, poeta y maestro de meditación. Nacido en Tibet, ingresó en el monasterio a temprana edad para comenzar sus estudios acerca de los fundamentos del Budismo y el Dzogchen Bon. En 1991 dejó Tibet para recibir enseñanzas más avanzadas en Nepal e India. A lo largo de muchos años, ha estudiado lógica, filosofía Budista, Prajnaparamita y Madhyamaka en la tradición de Nalanda en el Monasterio Sera Je. En los Monasterios Bon de Menri y TRiten Norbutse, concentró sus estudios en el Sutra, Tantra y Dzogchen. Luego de 25 años de estudio y meditación, logró su grado de Gueshe, el equivalente a un doctorado occidental.

Enseña Yungdrung Bon y otras tradiciones Budistas, y es un maestro calificado de Rimé, que significa "no sectario" en tibetano.

Su entrenamiento espiritual ha desarrollado en él una extraordinaria profundidad de conocimiento a través de la cual comunica con claridad enseñanzas esenciales y sus significados. Es autor de nueve libros en tibetano sobre cultura tibetana, historia y religión, y ha expuesto en numerosas conferencias en Asia, Europa y los EEUU. Llegó a California en 2013 para enseñar a alumnos occidentales. Fundó el Kunsang Gar Center, del que actualmente es maestro y director espiritual.

www.ingramcontent.com/pod-product-compliance
Lightning Source LLC
Chambersburg PA
CBHW030441010526
44118CB00011B/734